Paris
1883

Tardif, Adolphe

Notions élémentaires de critique historique

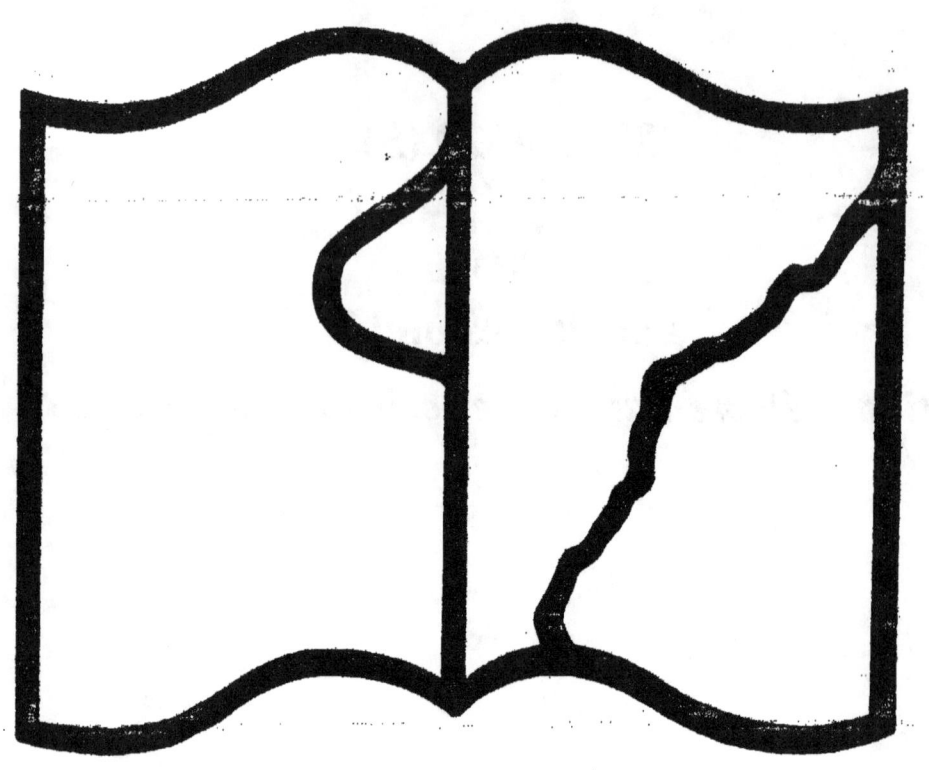

**Symbole applicable
pour tout, ou partie
des documents microfilmés**

Texte détérioré — reliure défectueuse

NF Z 43-120-11

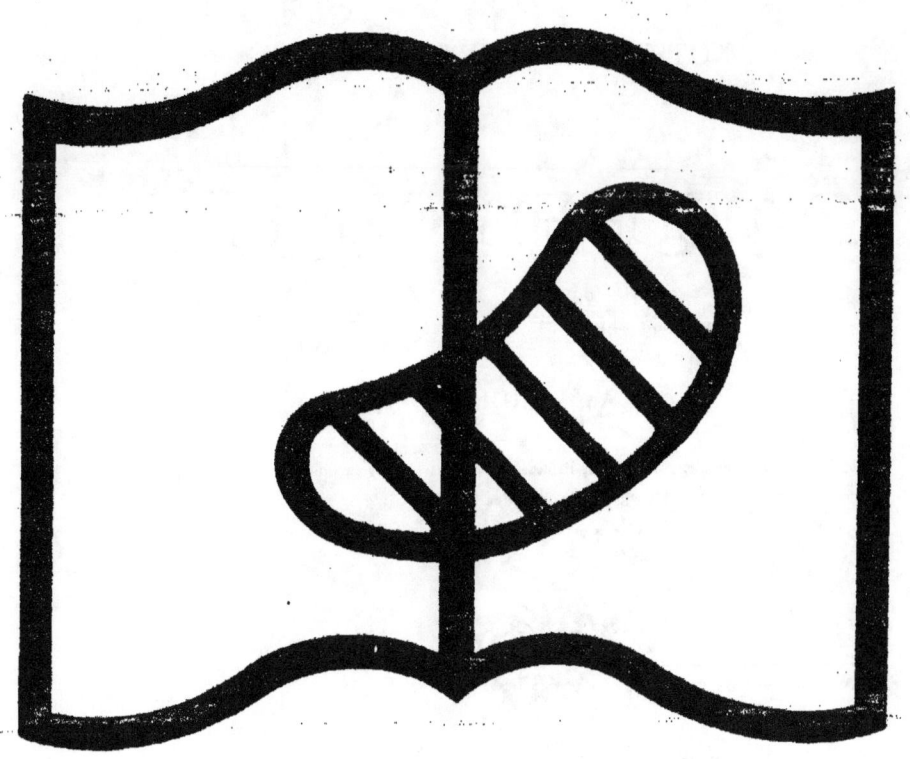

**Symbole applicable
pour tout, ou partie
des documents microfilmés**

Original illisible

NF Z 43-120-10

NOTIONS ÉLÉMENTAIRES

DE

CRITIQUE HISTORIQUE

PAR

Ad. TARDIF

Conseiller d'État honoraire, Professeur de droit civil et canonique
à l'École nationale des Chartes

PARIS

ALPHONSE PICARD

Libraire de la Société de l'École des Chartes et des Archives nationales

82, rue Bonaparte, 82

offert au gouvernement —
continuateur de la grande école.
les méditer.

hors des confins romains

J.D. Sandt

NOTIONS ÉLÉMENTAIRES

DE

CRITIQUE HISTORIQUE

PAR

Ad. TARDIF

Conseiller d'État honoraire, Professeur de droit civil et canonique
à l'École nationale des Chartes

PARIS

ALPHONSE PICARD

Libraire de la Société de l'École des Chartes et des Archives nationales

82, rue Bonaparte, 82

—

1883

NOTIONS ÉLÉMENTAIRES

DE CRITIQUE HISTORIQUE

———

Les dernières leçons du cours d'histoire du droit civil et du droit canonique professé à l'École des chartes, pendant l'année scolaire 1882-1883, ont été consacrées à l'exposé des notions élémentaires de la critique historique. Le temps a manqué pour développer les principes de cette science, qui peuvent paraître bien arides, et quelquefois bien naïfs, quand ils ne sont pas accompagnés des exemples nécessaires pour en donner la démonstration ou la raison pratique. Les élèves des écoles savantes peuvent, toutefois, suppléer aisément à cette lacune et trouver eux-mêmes, dans les études diverses auxquelles ils se livrent, les applications de ces règles théoriques. On a donc cru faire une œuvre utile en résumant cet essai d'enseignement dans quelques pages que l'auteur soumet à l'examen de ses confrères de l'École des chartes, et de ses collègues ou amis qui s'efforcent de suivre les traditions des maîtres en l'art si difficile de la critique historique.

AD. TARDIF.

Saint-Pair, le 29 septembre 1883.

CHAPITRE PREMIER.

———

I.

Les sciences philologiques, archéologiques, géographiques et sociales ont fait au xıxᵉ siècle des progrès incontestables.

Les textes sont établis d'une manière bien plus rigoureuse que par le passé, grâce au progrès de la philologie comparée.

L'étude des monuments figurés a pris un caractère véritablement scientifique.

La géographie historique arrive, d'une manière presque certaine, à l'identification d'un grand nombre d'anciens noms de lieu, par l'application intelligente des lois nouvelles que la philologie lui fournit.

Les philologues, les archéologues ont obtenu des résultats inespérés en suivant, dans leurs études, les règles les plus sûres de la méthode expérimentale.

Les sciences sociales se transforment également par l'application des mêmes procédés. Elles abandonnent les théories *a priori* qui ont discrédité l'économie politique, et elles recherchent aujourd'hui les grandes lois de la production, de l'échange et de l'emploi des produits créés, de la prévoyance et de l'épargne, en étudiant attentivement les faits qui s'accomplissent dans les diverses parties du globe et les essais qui mettent à l'épreuve de la pratique les théories récemment formulées.

II.

Il est impossible de constater les mêmes progrès dans les sciences historiques. Les œuvres monumentales des siècles derniers n'ont été ni surpassées, ni même égalées. Le XIXᵉ siècle ne saurait se mesurer avec cette époque de la grande culture littéraire et historique, illustrée par Mabillon, Montfaucon, Ruinart, Vaissete, Calmet, Lobineau, Plancher, Toustain, Carpentier, Félibien, Sainte-Marthe, Martene, Bouquet, d'Achery, et les autres membres de cette école bénédictine à qui l'on doit les vastes publications des *Historiens de la France*, du *Gallia Christiana*, de l'*Art de vérifier les dates*, de l'*Histoire littéraire de la France*, du *De re diplomatica*, du *Nouveau traité de diplomatique*, des *Acta sincera Martyrum*, des *Acta sanctorum ordinis sancti Benedicti*, et ces magnifiques histoires de nos provinces, qu'on réimprime aujourd'hui avec un soin pieux.

Non loin de Saint-Germain-des-Prés, les Jésuites et les Oratoriens s'adonnaient avec succès aux mêmes travaux. Les PP. Sirmond, Hardouin, Labbe, publiaient de vastes collections des conciles; le P. Lelong rédigeait la *Bibliothèque historique de la France*, et le P. Thomassin son admirable histoire des institutions ecclésiastiques et du droit canonique, où l'érudition allemande puise aujourd'hui si largement dans ses intéressants travaux sur la législation ecclésiastique du moyen âge. Vers le même temps naissait la courageuse société des Bollandistes, qui, malgré les crises politiques, et quelquefois les persécutions dont son ordre a été l'objet, a continué et continue encore, avec une constance inébranlable, cette œuvre immense des *Acta sanctorum*, aussi précieuse pour notre histoire que pour l'hagiographie. Enfin, parmi les savants qui, vivant au milieu du monde, ne trouvaient pas autour d'eux les facilités de travail et le concours désintéressé que donnaient les ordres religieux, on remarque les noms des Ducange, des Baluze, des Pithou, des Cujas, des J. Godefroi, des Lebeuf, des Laurière, et autres érudits, dont les savants modernes apprécient chaque jour davantage les précieuses recherches sur l'histoire de nos institutions ou de notre droit.

III.

Ce n'est donc pas une œuvre inutile que d'essayer, après d'autres, de résumer les règles tracées ou suivies par ces illustres représentants de l'érudition française, règles dont l'application a puissament contribué à donner à leurs travaux une solidité incontestée. La nécessité de revenir à l'étude de principes si sérieusement éprouvés peut paraître d'ailleurs plus manifeste que jamais, lorsqu'on voit renaître et se propager des systèmes que le bon sens des générations précédentes a plusieurs fois condamnés [1].

---

[1] Les étudiants peuvent consulter utilement : — Descartes, *Discours de la Méthode* ; — D. Mabillon, *De re diplomatica* ; — les *Acta sanctorum* dans les dissertations qui précèdent plusieurs volumes ; — C. de Smedt, *Introductio generalis ad historiam ecclesiasticam critice tractandam*, Gand et Paris, 1876, 8o ; — du même auteur, *Principes de critique historique*, Liége et Paris, 1883, in-12 ; très bon livre d'une remarquable largeur de vues ; cet opuscule lui fera souvent des emprunts ; — J. Balmès, l'*Art d'arriver au vrai*, traduit par Ed. Manec, Paris, 1850, in-12 ; — *La logique ou l'Art de penser*, dite *Logique de Port-Royal*, publiée notamment dans les œuvres philosophiques d'Arnaud.

CHAPITRE DEUXIÈME.

___

DE LA CRITIQUE HISTORIQUE EN GÉNÉRAL.

I.

La *critique* est l'art de juger, et spécialement de discerner le vrai du faux.

La *critique des textes* distingue les actes sincères des pièces fabriquées ou falsifiées.

La *critique historique* distingue, dans le récit des événements passés, les faits vrais des faits supposés. Elle doit être précédée par la critique des textes qui lui fournit des documents éprouvés.

Les règles de cette science s'imposent à tout esprit droit par la force de leur évidence. Toutefois, malgré leur extrême simplicité, ces principes sont d'une application délicate, et ils ne peuvent donner de bons résultats si l'on n'est pas dans les conditions d'ordre intellectuel et moral qui permettent d'employer utilement des instruments bien simples en apparence, mais dont le maniement réclame une main prudente et légère.

II.

Les règles de la critique historique portent :

— Sur le choix des documents qu'on doit employer ;

— Sur l'emploi de ces matériaux.

Elle suppose ou réclame préalablement, comme on vient de le dire, des conditions générales d'impartialité et de discernement indépendantes de toute méthode.

CHAPITRE III.

La critique historique (et juridique) suppose ou réclame :

1º Un jugement sain ;

2º Une indépendance complète dans les appréciations ;

3º Une connaissance exacte de tous les travaux faits sur la question qu'on étudie ;

4º Une juste mesure entre le scepticisme et la crédulité.

SECTION PREMIÈRE

Le jugement sain, ou le bon sens, c'est-à-dire « la puis-
« sance de bien juger et de distinguer le vrai d'avec le faux,
« est la chose du monde la mieux partagée ; car chacun pense
« en être si bien pourvu que ceux mêmes qui sont les plus
« difficiles à contenter en toute autre chose, n'ont pas cou-
« tume d'en désirer plus qu'ils n'en ont [1].

---

[1] Descartes. *Discours de la Méthode*, 1re partie, éd. Hatzfeld, p. 28.

Le bon sens est l'ennemi-né du paradoxe, où tombent trop souvent les jeunes historiens.

Quand on cherche *systématiquement* des idées neuves, ou des aperçus originaux, on s'expose gravement à sortir du domaine de la science pour se perdre dans les nuages de l'imagination. Il est parfois très bon de ne point penser comme tout le monde ; mais il est très mauvais de rompre *de parti pris* avec les doctrines généralement reçues. La véritable originalité doit se rencontrer ; quand on la cherche, on tombe le plus souvent dans le paradoxe. Si l'on a pris cette habitude et faussé ainsi l'instrument qui nous sert à discerner la vérité de l'erreur, on court risque de ne pouvoir jamais le redresser. Chaque jour, on savoure davantage l'orgueilleuse satisfaction de ne point penser ou agir comme les autres, et pour toute sa vie on a l'esprit paradoxal, de propos délibéré bien plus souvent que par vice de nature.

SECTION DEUXIÈME.

« Ce n'est pas assez d'avoir l'esprit bon, le principal est « de l'appliquer bien¹. »

Il faut pour cela la ferme volonté d'arriver à la vérité historique.

On doit donc se prémunir :

— Contre ses préjugés :

¹ *Ibid.,* p. 20.

— Contre ses passions;

— Contre ses opinions politiques et religieuses;

— Contre l'orgueil patriotique;

— Contre les opinions du dehors.

Le premier précepte que Descartes s'était tracé « dans son poêle », c'était « de ne recevoir jamais aucune chose pour « vraie qu'il ne la connût évidemment être telle, c'est-à- « dire d'éviter soigneusement la précipitation et la préven- « tion [1]. »

Le paradoxe ne doit pas trouver ici sa justification. Descartes recommande de contrôler avec soin les opinions d'autrui avant de les adopter; il met l'esprit en garde contre la précipitation et la prévention, mais il se garde bien de l'engager *a priori* dans des voies inconnues. Si l'on a conservé sa clairvoyance native; si les *idola fori* n'ont pas obscurci cette vue droite que Dieu a donnée à tout homme, si l'on a examiné tous les côtés de la question avec l'indépendance de jugement que nous réclamons, on trouvera sûrement le bon chemin, sans plus chercher les voies inexplorées que les sentiers battus. On n'oubliera jamais qu'on poursuit le *vrai* et non pas le *neuf*.

SECTION TROISIÈME.

On doit cependant s'enquérir de tous les travaux faits sur la matière qu'on traite, et en prendre une connaissance exacte.

[1] *Ibid.* 2ᵉ partie, p. 43.

Quand un historien a l'orgueil de croire que nul avant lui n'a eu de l'esprit, et qu'on n'a jamais rien écrit de sensé sur le point qu'il étudie, il s'expose presque inévitablement à commettre des erreurs depuis longtemps réfutées, ou à se persuader, dans le petit temple où il se laisse encenser, qu'il vient de découvrir le Nouveau-Monde.

Mais il faut toujours garder son indépendance d'appréciation, comme le prescrit Descartes, et n'accepter aucune idée ni aucune allégation sans l'avoir préalablement soumise à un contrôle rigoureux :

Nullius addictus jurare in verba magistri.

SECTION QUATRIÈME.

On doit enfin se résigner à ne pas obtenir une certitude *absolue*, ou mathématique, et se contenter de la certitude *morale* dans le sens large du mot. « Lorsqu'il n'est pas en « notre pouvoir de discerner les plus vraies opinions, nous « devons suivre les plus probables[1]. »

L'homme a un penchant naturel à reconnaître et affirmer la vérité ; il ne se laisse aller à *l'erreur*, et surtout à *l'imposture*, que lorsqu'il y est entraîné par des affections ou des intérêts assez puissants pour le faire déroger à son instinct natif.

C'est sur cette loi de l'humanité que repose la certitude

[1] *Ibid.* 3ᵉ partie, p 49.

morale en histoire ; elle procède essentiellement du *témoignage*.

Il n'en est pas de même pour les autres sciences philosophiques, économiques, sociales, ou même physiques : « la « pluralité des voix n'est pas une preuve qui vaille rien [1] « pour les vérités un peu malaisées à découvrir [2]. »

Si l'on voulait s'en remettre à ce mode d'information ou de décision pour la solution des problèmes astronomiques, le suffrage universel nous obligerait très certainement de convenir, encore aujourd'hui, que le soleil tourne autour de la terre.

---

[1] *Rien* est employé ici dans son acception primitive, *rem*. Employé sans négation, il signifiait *quelque chose*.

[2] *Ibid.* 2ᵉ partie, p. 42.

CHAPITRE IV.

CHOIX DES MATÉRIAUX QUE L'HISTORIEN DOIT EMPLOYER.

Le témoignage des contemporains est l'élément le plus sûr de la vérité historique.

A défaut de ce témoignage, on doit rechercher les déclarations de ceux qui ont appris ou pu apprendre les faits des témoins immédiats.

Ces témoignages nous sont fournis par des sources très diverses :

— les textes proprement dits ;
— les monuments figurés ;
— la tradition.

I.

Textes.

Les textes comprennent les documents *publics* rédigés officiellement au nom d'une autorité quelconque, ou acceptés et promulgués par elle ; — les documents *privés*, histoires, chroniques, mémoires, lettres, actes divers émanant de particuliers.

II.

Monuments figurés.

On range sous cette dénomination générale les inscriptions, les médailles, les monnaies, les sceaux, qu'on
pourrait rattacher à la classe des textes, les édifices civils,
ecclésiastiques et militaires, les sculptures, les peintures,
les miniatures, les vitraux qui rentrent tout spécialement
dans le domaine propre de l'archéologie.

III.

Tradition.

La tradition occupe un rang secondaire dans les sources
historiques, et elle ne peut suffire seule à établir la vérité
d'un fait.

Mais on doit en tenir compte, parce qu'elle procède ordi-
nairement de spectateurs désintéressés.

CHAPITRE V.

SECTION PREMIÈRE.

De la méthode à suivre dans la recherche et l'exposé des faits historiques.

La méthode, dans l'acception générale du mot, a toujours pour but de substituer des idées claires, exactes, complètes, à des idées confuses, superficielles et incomplètes.

Les procédés qui la constituent varient suivant la nature des recherches, mais ils se rattachent tous à une méthode fondamentale qui comporte deux opérations :

1º *L'analyse*, ou décomposition, dans laquelle l'esprit va du complexe au simple ; quelquefois appelée méthode d'investigation ;

2º *La synthèse*, ou recomposition, dans laquelle l'esprit rassemble et réunit les éléments que l'analyse a séparés. La synthèse est quelquefois appelée méthode d'enseignement.

Il ne faut pas considérer l'analyse et la synthèse comme deux méthodes différentes ; elles n'en font qu'une, et doivent rester inséparables. La synthèse, qui donne des règles générales et des lois, n'a de valeur que lorsqu'elle s'appuie sur une étude exacte et complète de tous ces faits isolés. D'autre part, cette étude des faits isolés, ou analyse, ne peut donner des résultats sérieux que lorsque les matériaux qu'elle fournit ont été réunis et coordonnés.

Le second précepte que s'était tracé Descartes, était, dit ce philosophe « de diviser chacune des difficultés que j'exami-« nerais en autant de parcelles qu'il se pourrait et qu'il se-« rait requis pour les mieux résoudre.

« Le troisième, de conduire par ordre mes pensées, en « commençant par les objets les plus simples et les plus « aisés à connaître pour monter peu à peu, comme par « degrés, jusques à la connaissance des plus composés, en « supposant même de l'ordre entre ceux qui ne procèdent « point naturellement les uns des autres ¹. »

Dans les sciences politiques et économiques, comme dans les sciences physiques et naturelles, l'ensemble des procédés analytiques s'appelle méthode *expérimentale*, méthode *d'induction*, ou *a posteriori*. C'est la méthode préconisée par Bacon et Descartes. Elle est dite expérimentale, parce qu'elle repose essentiellement sur l'expérience et l'étude des faits accomplis pour en induire les lois générales qui doivent guider l'économiste, le législateur, le naturaliste ou le physicien.

La méthode de *déduction* fait sortir de certaines vérités générales les conséquences qu'elles renferment. C'est la méthode par excellence des sciences de raisonnement.

La méthode expérimentale, appliquée aux sciences histo-

¹ *Ibid*, 2ᵉ partie, p. 44.

riques, tient le plus grand compte des diversités de temps et de lieu. Dans l'étude de nos anciennes institutions, par exemple, elle distinguera soigneusement les deux premières races qu'on a si souvent assimilées ; pour chacune de ces périodes, elle recherchera les influences variées qui ont successivement prédominé : influence romaine sur la rédaction du *pactus antiquior* de la loi salique ; — influence germanique sur la rédaction des édits postérieurs ; — puis réaction gallo-romaine, et enfin ce nouveau retour aux idées germaines qu'a favorisé l'établissement de la race austrasienne dite des carolingiens.

Pour apprécier sainement ces faits, on se demandera toujours dans quelle région ils s'accomplissent ou prédominent : en Neustrie, en Austrasie, en Bourgogne, en Lombardie, dans les anciennes Aquitaines, ou dans la *provincia romana ?*

La méthode expérimentale ou inductive, appliquée aux sciences historiques et juridiques, doit donc être essentiellement chronologique et géographique.

C'est la seule méthode à employer dans les recherches préparatoires. Mais il faut toujours conclure par la synthèse.

La seule question qu'on puisse se poser, sur ce point, dans la composition d'un livre ou dans l'enseignement, c'est de savoir si l'on doit y suivre nécessairement et constamment la route que l'esprit a parcourue pour arriver aux vérités qu'il veut communiquer et démontrer.

On ne saurait tracer à cet égard des règles absolues : toutefois on peut dire que l'élément synthétique doit prendre, dans l'enseignement écrit ou oral, une part prépondérante.

SECTION DEUXIÈME.

Des procédés d'exposition et de discussion.

L'historien et le jurisconsulte doivent se tenir en garde contre certains procédés d'argumentation qu'on ne peut pas proscrire d'une manière absolue, mais qu'il ne faut employer qu'avec prudence.

1º Les arguments *négatifs* qui concluent du silence gardé par les contemporains à la non existence de ce fait.

C'est ainsi qu'on induit légitimement du silence d'Einhart que certains faits attribués à Charlemagne par de très anciens récits sont imaginaires.

Mais toutes les chroniques sont remplies de détails sur les tremblements de terre, les tempêtes, les inondations qui ont désolé un pays ; presque jamais elles ne mentionnent les beaux jours ni les bonnes récoltes. En conclura-t-on, comme on semble le faire aujourd'hui dans certaines histoires rédigées pour le peuple, que le moyen âge n'a jamais connu le beau temps ?

Le silence gardé par l'historien ou le chroniqueur sur des faits qui, à l'époque où il écrivait, ne devaient point frapper l'opinion publique, ne prouve nullement que ces faits n'ont pas existé ;

2º Les arguments *a contrario*, sauf le cas où ils ramènent l'esprit à une loi générale ;

3° Les arguments *a priori*, ou méthode déductive, d'un fréquent usage en Allemagne et dans les écoles qui s'inspirent trop exclusivement de la science allemande.

On part d'un axiome qu'on suppose irréfutable pour contester tous les témoignages qui y apporteraient contradiction ;

4° Les arguments d'*analogie* qui appliquent à une époque ou à un pays les textes relatifs à un autre temps ou à une autre région. C'est un procédé extrêmement dangereux.

5° Les arguments qui concluent d'un seul fait particulier à une loi générale ; — du simple au composé ; — d'une circonstance accidentelle à un état normal ; — de ce qui est vrai à quelque égard à ce qui est vrai absolument.

Le quatrième précepte que s'était imposé Descartes l'obligeait à « faire partout des dénombrements si entiers et « des revues si générales qu'il fût assuré de ne rien omettre; »

6° Les raisonnements hypothétiques ou conjecturaux, sans toutefois les exclure aussi complètement qu'on pourrait être porté à le faire. L'hypothèse, ou la conjecture qui est la nuance la plus faible de l'hypothèse, joue, en effet, un rôle considérable dans les sciences les plus rigoureuses. On a pu même dire que toute vérité, dans l'ordre des sciences humaines, est, sous sa forme première, une hypothèse qui n'a de valeur que lorsqu'elle a été vérifiée.

SECTION TROISIÈME.

Critique des textes.

§ Ier.

Critique extrinsèque.

I.

Avant d'étudier un texte, et surtout de l'employer, on doit s'enquérir :

1° De son *authenticité;* les textes supposés sont assez nombreux au moyen âge. Il n'y a pas de doute aujourd'hui pour les plus saillants, tels que les établissements dits de Saint-Louis, la pragmatique sanction attribuée à ce prince, les lois d'Edouard le confesseur, de Henri Ier d'Angleterre, le pseudo-Isidore, etc.

Mais il en est d'autres sur lesquels le doute est permis, la discussion possible, un nouvel examen indispensable ;

2° De son *intégrité;* beaucoup de textes ont été mutilés; d'autres sont interpolés. Il faut tenir compte des suppressions ou des additions indépendantes du fait de l'auteur ;

3° De sa *date* et de son *origine* ou provenance ; dans la question des fausses décrétales, par exemple, il n'est pas indifférent de constater qu'elles ont été rédigées en France, et très vraisemblablement dans la province de Reims.

II.

Dans cette triple étude de l'authenticité, de l'intégrité, de la date et de l'origine des textes, on aura à considérer :

1º Les caractères *paléographiques* des manuscrits, diplômes ou chartes ;

2º Leurs caractères *diplomatiques*, notamment :

— Les formules initiales ou finales dans les diplômes ;

— Les titres donnés aux personnages ;

— Les institutions, coutumes ou usages mentionnés dans ces textes ;

3º Les caractères *philologiques*. L'étude des langues, du dialecte, du style peut fournir des indications précieuses pour déterminer la provenance et la date du texte, ou encore pour reconnaître les interpolations.

§ II.

Critique intrinsèque des textes.

I.

La critique intrinsèque des textes porte sur deux points principaux :

— L'écrivain ne s'est-il pas trompé ?

— N'a-t-il pas voulu tromper les lecteurs ?

Pour répondre à ces deux questions on doit rechercher :

1º Si l'auteur a vécu dans le temps et le lieu où les faits se sont passés ?

2º S'il a pu, tout au moins, les apprendre de contemporains qui n'étaient pas intéressés à les représenter sous des traits inexacts ?

3º S'il n'a point cédé à des préoccupations de parti, d'Eglise ou de secte ? — à un esprit trop étroit de nationalité ?

4º S'il n'était point d'un tempérament trop impressionnable ? d'un caractère optimiste ou d'un caractère pessimiste ?

II.

Il est encore indispensable de se demander comment le texte qu'on étudie a été accueilli par les contemporains, ou par les siècles suivants. Lorsqu'on a constaté, par exemple, que l'admirable traité de Beaumanoir sur les coutumes du Beauvaisis ; — que le conseil de Pierre de Fontaines ; — que le livre de justice et de plet ; — que les assises de Jérusalem, et tant d'autres coutumiers aujourd'hui en renom, sont restés à peu près inconnus au moyen âge; on ne saurait leur assigner qu'une place très secondaire dans les matériaux qui peuvent servir à écrire l'histoire vraie de notre droit, tel qu'il a été pratiqué, et non point tel que voulaient le concevoir quelques esprits supérieurs, ou quelques légistes mécontents.

III.

Les textes, en général, comme tout témoignage humain, donnent une grande sécurité :

1º Lorsque les affirmations de l'auteur sont en opposition manifeste avec ses intérêts, ses préjugés, ses penchants;

2° Lorsque des récits de source diverse sont concordants sur tous les points essentiels d'un événement. Les divergences de détail ne sont pas une raison de douter; elles établissent, au contraire, la diversité des sources, et, par suite, fortifient la valeur du témoignage ;

3° Lorsque ces récits ou ces doctrines ont été généralement acceptés, et ont eu quelque action sur les événements ou les récits des temps postérieurs ;

4° En ce qui concerne spécialement les traités de droit, lorsque les principes qu'ils exposent ont été appliqués dans les ordonnances, les arrêts des tribunaux et les conventions privées des particuliers.

On n'accueillera qu'avec défiance : — les actes officiels tels que les bulletins de victoire, proclamations et autres œuvres de politique ; — les mémoires diplomatiques, œuvres de vanterie ; — les mémoires posthumes ou d'outre-tombe, œuvres de rancune ; — les mémoires secrets, œuvres de scandale ; — les consultations et mémoires judiciaires, œuvres de polémique.

IV.

Pour arriver à la complète intelligence d'un texte :

1° On doit le lire autant que possible dans sa langue originale et se défier toujours des traductions : *traduttore, traditore.*

2° On doit le lire en entier ; lors même qu'on se borne à vérifier une citation, il faut voir tout le chapitre d'où elle est extraite. Une phrase détachée des considérations ou des

faits qui l'encadrent prend souvent un aspect tout différent
de la réalité.

V.

L'expérience des savants des siècles derniers a démontré
l'utilité pratique d'un procédé bien simple qu'il faut suivre
dans l'étude détaillée des textes. Il consiste à en faire un
dépouillement complet sur des fiches distinctes, ne conte-
nant chacune qu'un seul fait ou une seule idée, et portant
en tête un mot de recherche, ou un numéro de renvoi à
une table préparée à l'avance. Le travail de synthèse et de
rédaction est notablement facilité par cette disposition ma-
térielle.

Des fiches faites avec soin fournissent en outre les notes
qui doivent accompagner toute œuvre d'érudition. Les
notes, qui sont la justification des doctrines de l'auteur, doivent être établies sur un modèle uniforme, et permettre de
vérifier promptement et sûrement tous les documents
auxquels elles renvoient.

SECTION QUATRIÉME.

Critique des monuments figurés.

Les monuments figurés : inscriptions, médailles, monnaies, sceaux, peuvent rentrer à certains égards dans la
classe des textes, et être soumis aux mêmes règles. Mais ils
relèvent plus particulièrement de la critique archéologique
qui prend, chaque jour, un caractère plus rigoureux par

l'application de la méthode expérimentale ou d'observation.

Les miniatures, les sculptures, les vitraux, qui peuvent encore fournir des matériaux à l'historien, rentrent exclusivement dans le domaine de l'archéologie.

SECTION CINQUIÈME.

Tradition.

La tradition ne peut être mise au même rang que les autres sources historiques ; une saine critique ne permet point d'y attacher l'importance qu'on a voulu quelquefois lui donner. Les erreurs qu'elle a transmises de génération en génération ne sauraient, en effet, se compter. Mais il faut cependant se garder de la négliger complètement, parce qu'elle a le grand mérite de procéder presque toujours de témoins indifférents aux faits qu'ils racontent, et, par conséquent, impartiaux.

Elle est surtout digne d'attention :

Quand elle s'applique à un fait important et public, qui a eu nécessairement un grand nombre de témoins ;

Quand elle a été universellement admise pendant un laps de temps considérable ;

Quand elle n'a soulevé aucune objection de la part de personnes ayant intérêt à la contredire et disposant des moyens d'information nécessaires pour s'assurer de la réalité des faits.

CONCLUSION.

La critique historique est l'art de discerner les faits vrais des faits supposés dans les documents divers qui peuvent servir à reconstituer les événements passés.

Elle réclame préalablement un jugement sain; — un esprit dégagé de toute préoccupation systématique, aussi exempt de scepticisme que de crédulité; — une connaissance exacte de tous les travaux antérieurs.

Lorsque ces conditions préliminaires sont remplies, le futur historien se préoccupera : — du choix des matériaux sans lesquels on ne pourra construire un édifice solide; — de l'emploi de ces matériaux; — de la meilleure méthode à suivre; — des procédés d'exposition et de discussion à éviter.

Les *textes* sont les plus importants de ces matériaux ; on en vérifiera l'authenticité, l'intégrité, la date, la provenance, d'après leurs caractères paléographiques et diplomatiques.

Après cette discussion préalable qui porte sur les traits extérieurs des documents, on appréciera leur mérite intrinsèque, en se demandant si l'auteur ne s'est pas trompé; —

s'il n'a point voulu tromper ses lecteurs ; — si ses récits ont trouvé crédit auprès de ses contemporains.

On pourra alors aborder l'étude approfondie des textes ainsi contrôlés ; on les lira dans leur langue originale et en entier, en relevant chacun des points saillants sur des fiches distinctes, qu'on classera ensuite d'après le plan général qu'on adoptera.

Pour la critique des *monuments figurés*, on suivra les règles générales qui peuvent s'appliquer à toutes les sources historiques et les règles spéciales que fournissent l'archéologie, la sigillographie, la numismatique, l'épigraphie.

Enfin, on ne négligera point de comparer les récits de la tradition avec les données fournies par des documents plus sûrs.

Ainsi qu'on le disait au début de cette étude, ces conseils peuvent paraître bien élémentaires ou bien naïfs. Ils résument cependant les règles suivies par nos plus illustres maîtres : en les pratiquant comme eux avec réflexion, on arrivera certainement à faire des travaux qui pourront défier la critique étrangère et maintenir l'érudition française au niveau où l'ont élevée les savants des siècles derniers.

TABLE.

———

www.ingramcontent.com/pod-product-compliance
Lightning Source LLC
Chambersburg PA
CBHW060910180626
46818CB00004B/1900